IEMANJÁ, A DEUSA DO MAR

Marlene Crespo

IEMANJÁ, A DEUSA DO MAR

Copyright © 2019 by Marlene Crespo

Revisão: Cecília Luedemann
Projeto gráfico e diagramação: Zap Design

```
Dados Internacionais de Catalogação-na-Publicação (CIP)

C921i   Crespo, Marlene
        Iemanjá, a deusa do amor / Marlene Crespo. -- 1.ed.—
        São Paulo : Expressão Popular, 2019.
        31 p. : il.

        Indexado em GeoDados - http://www.geodados.uem.br.
        ISBN 978-85-7743-367-4

        1. Literatura infantil. I. Título.

                                                CDU 82-93
                                                CDD 028.5
Catalogação na Publicação: Eliane M. S. Jovanovich  CRB 9/1250
```

Todos os direitos reservados. Nenhuma parte deste livro pode ser utilizada ou reproduzida sem a autorização da editora.

1ª reimpressão: junho de 2024

EDITORA EXPRESSÃO POPULAR
Alameda Nothmann, 806 – Campos Elíseos
CEP 01216-001 – São Paulo – SP
atendimento@expressaopopular.com.br
www.expressaopopular.com.br
🇫 ed.expressaopopular
📷 editoraexpressaopopular

Marlene Crespo

IEMANJÁ, A DEUSA DO MAR

1ª edição
Expressão Popular
São Paulo – 2019

Marina mora na praia,
em bela praia de mar,
com palmeiras, água azul,
leve brisa e areia branca.

Tataraneta de escravos
e filha de pescador,
tem pele cor de canela
e andar de princesa antiga.

Quando ri, com os dentes claros,
o seu rosto se parece
a noite escura que a lua
ilumina de repente.

Marina, no fim das tardes,
do alto de uma colina,
fica bem quieta, mirando
lá longe, as ondas macias.

"O que existe", ela pergunta,
"do lado de lá,
bem depois da linha branca
onde o céu encontra o mar?"

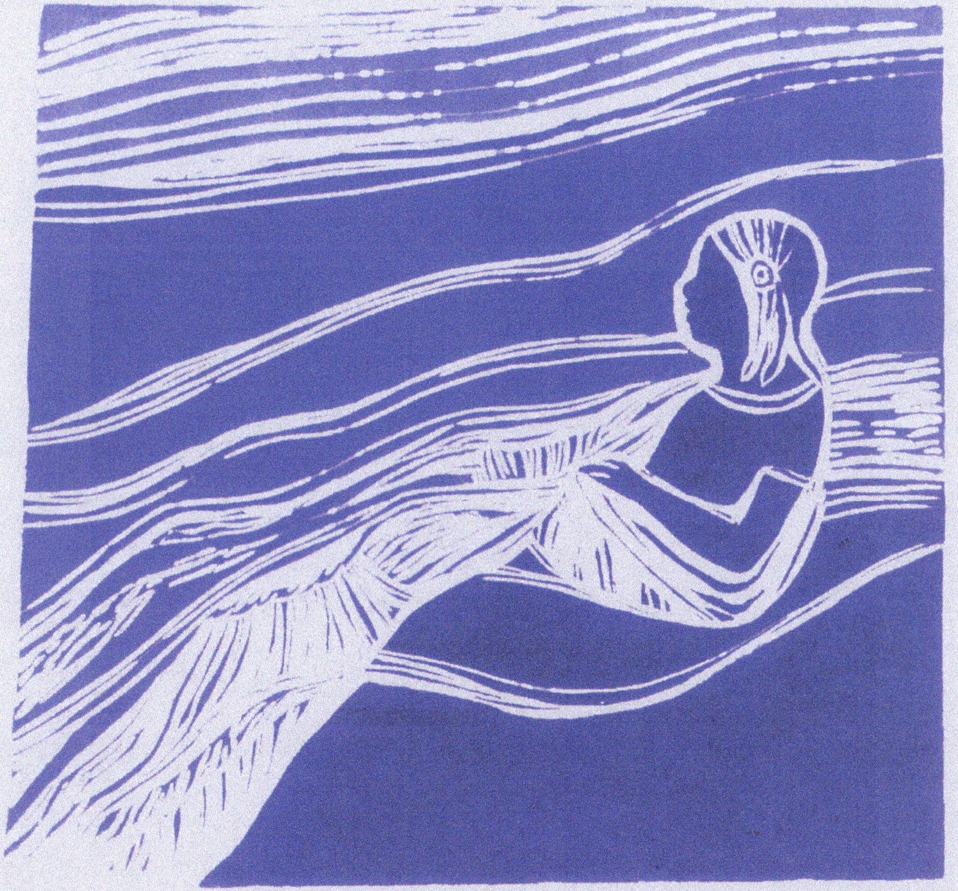

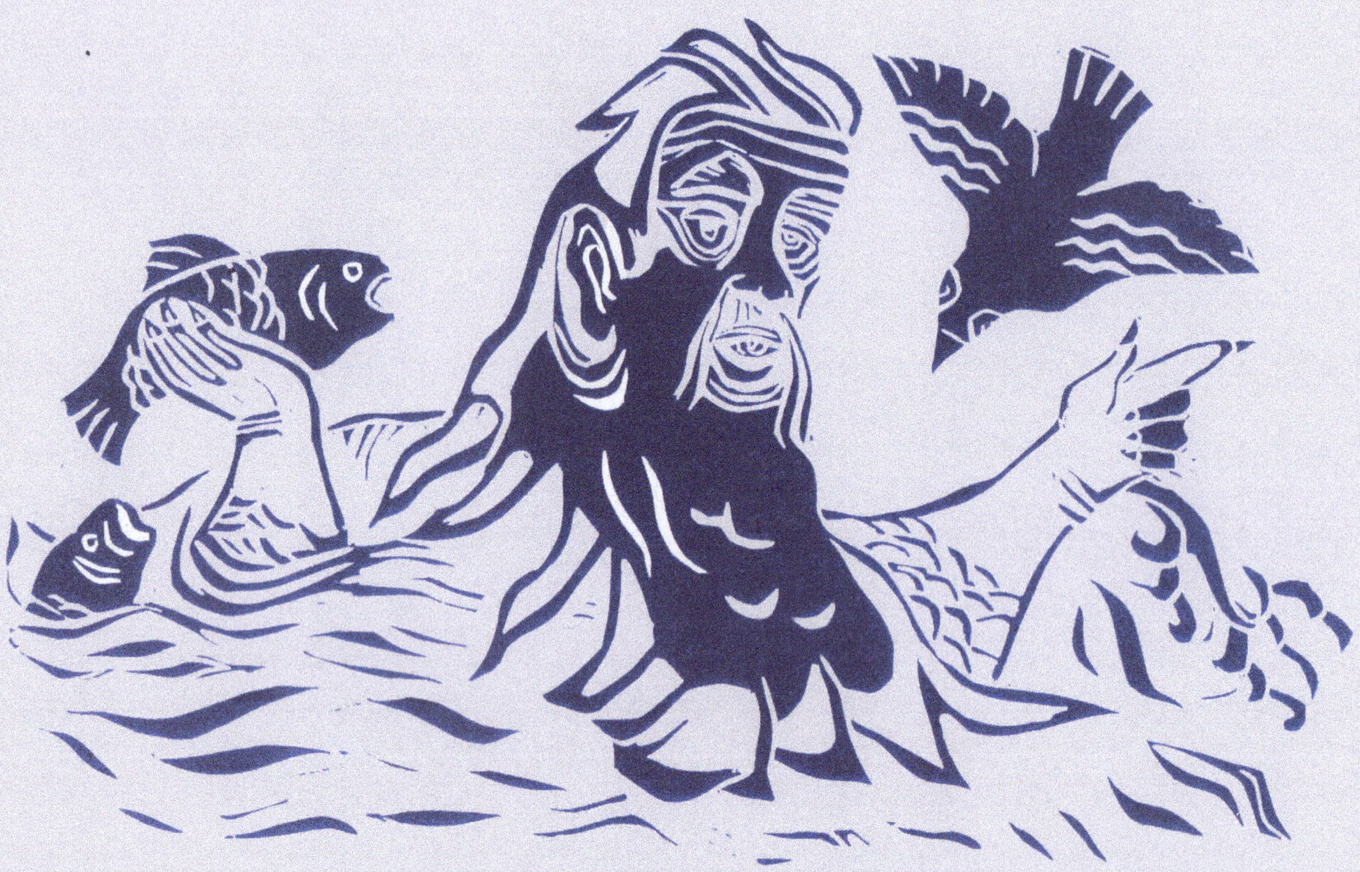

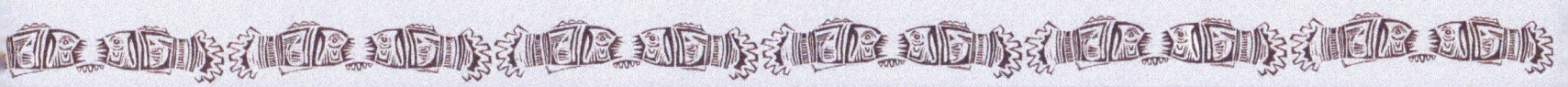

Tantas vezes perguntou,
que um dia o mar respondeu:
"Do lado de lá, bem longe,
onde a vista nem alcança,
fica a terra misteriosa
de um enorme continente.
Marina, de lá vieram,
em negros, tristes navios,
teus avós escravizados.

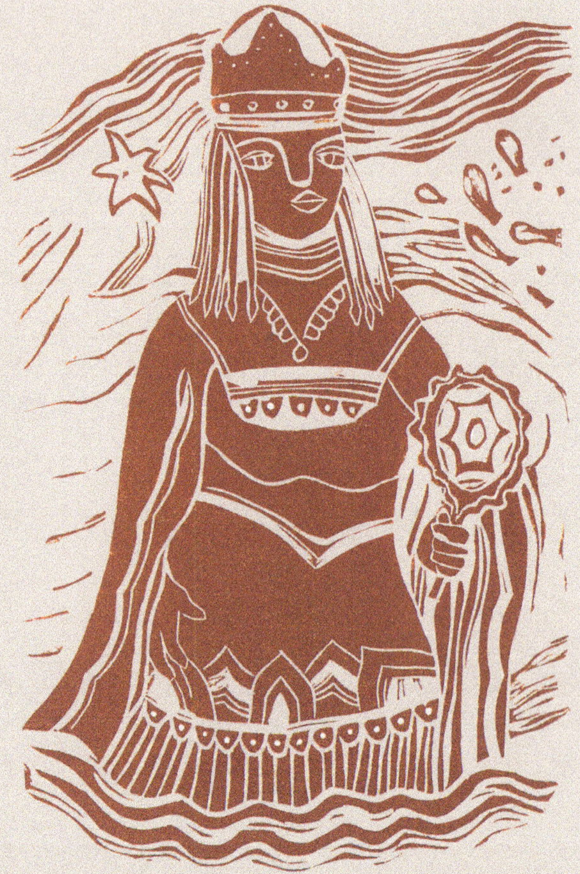

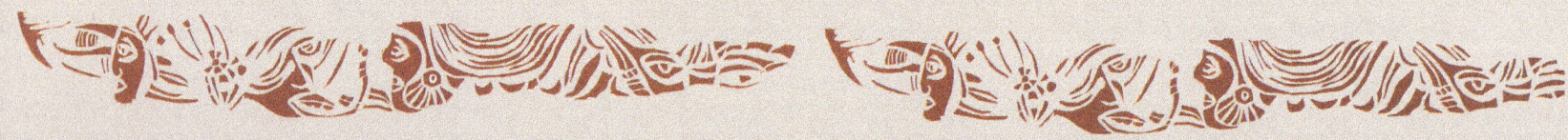

Também foi lá que nasceu
a rainha Iemanjá,
filha da deusa Olokun,
que rege os seres do mar.

Sempre bonita e elegante,
trajando rico vestido,
empunha um cetro de prata
com uma estrela-do-mar.

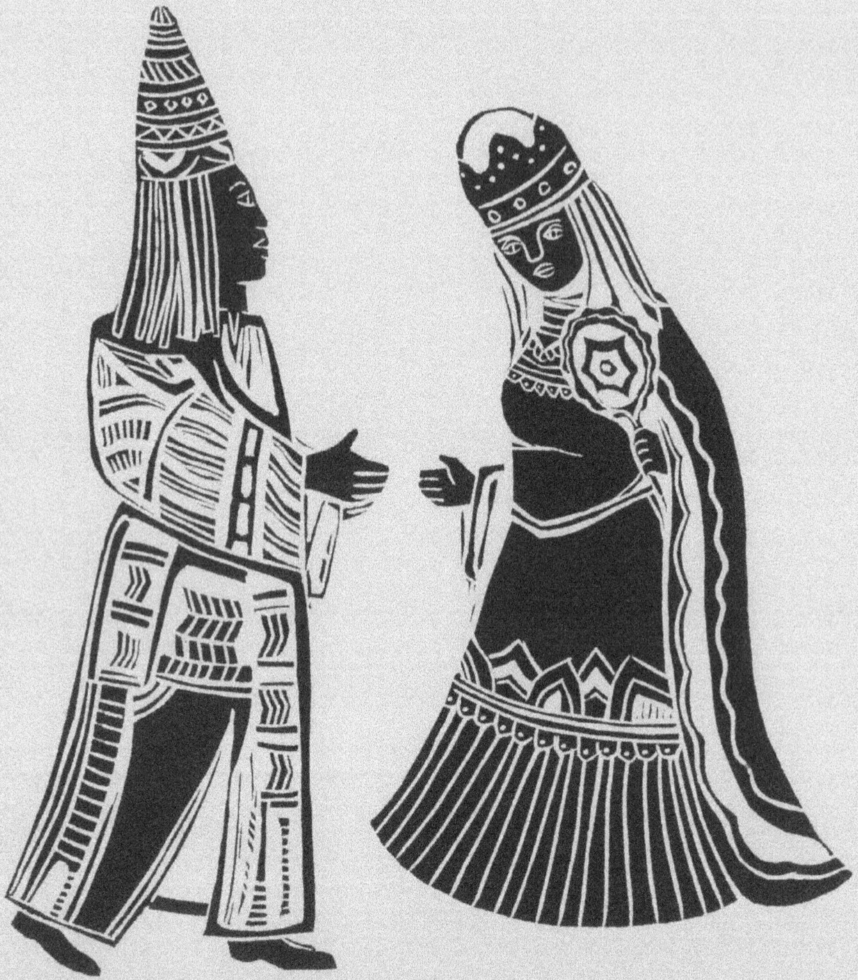

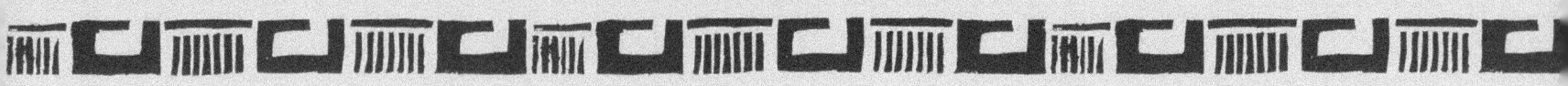

Iemanjá se casou
com Olofin, rei de Ifé,
país das terras de lá.

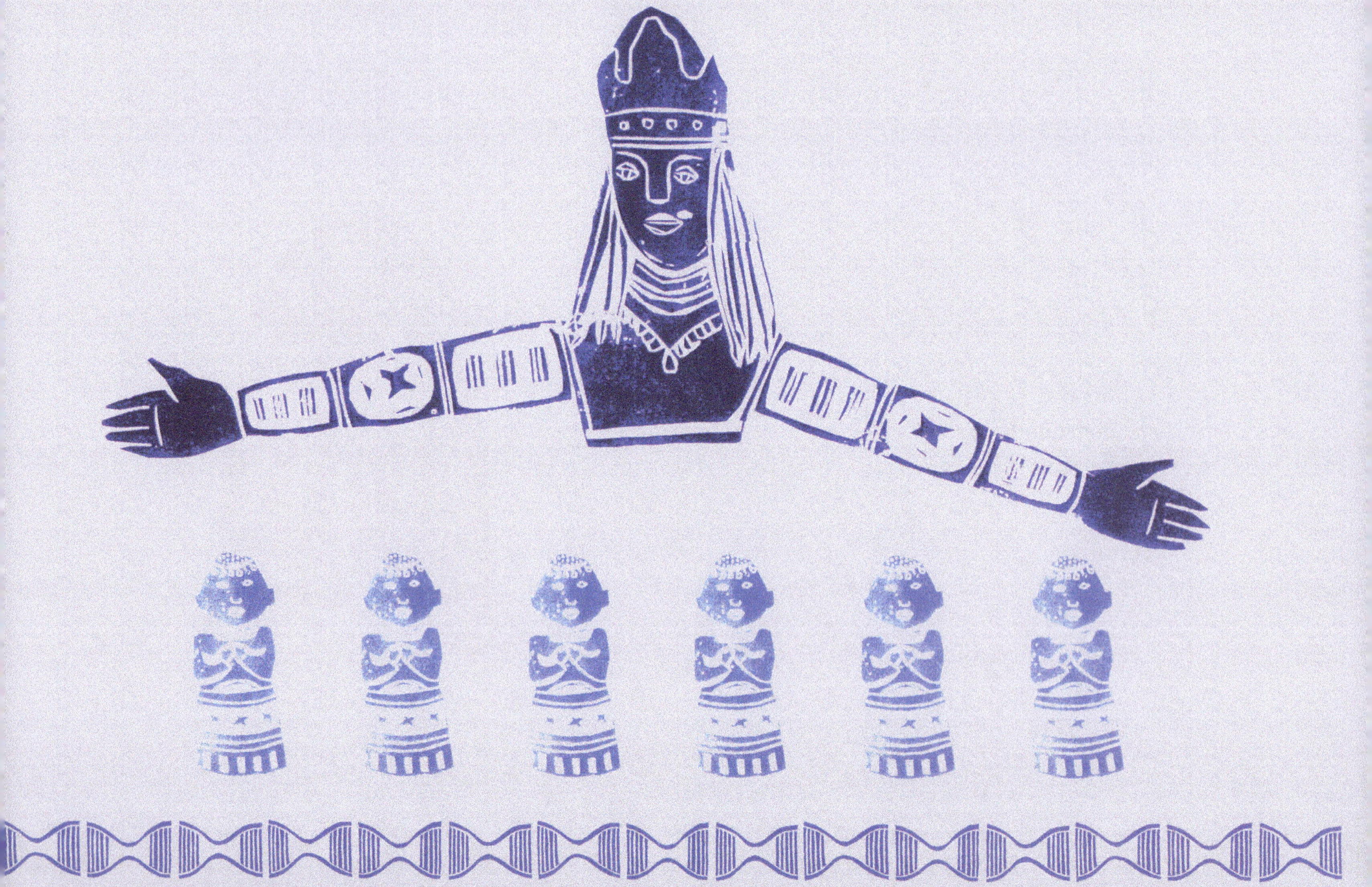

Depois de dar ao marido
muitos filhos, Iemanjá
acabou por se cansar
da vida sem novidades
no palácio de Olofin.
Deixou o reino de Ifé
e fugiu para bem longe.

Olofin, rei poderoso,
mandou seus bravos guerreiros
trazer a esposa de volta.

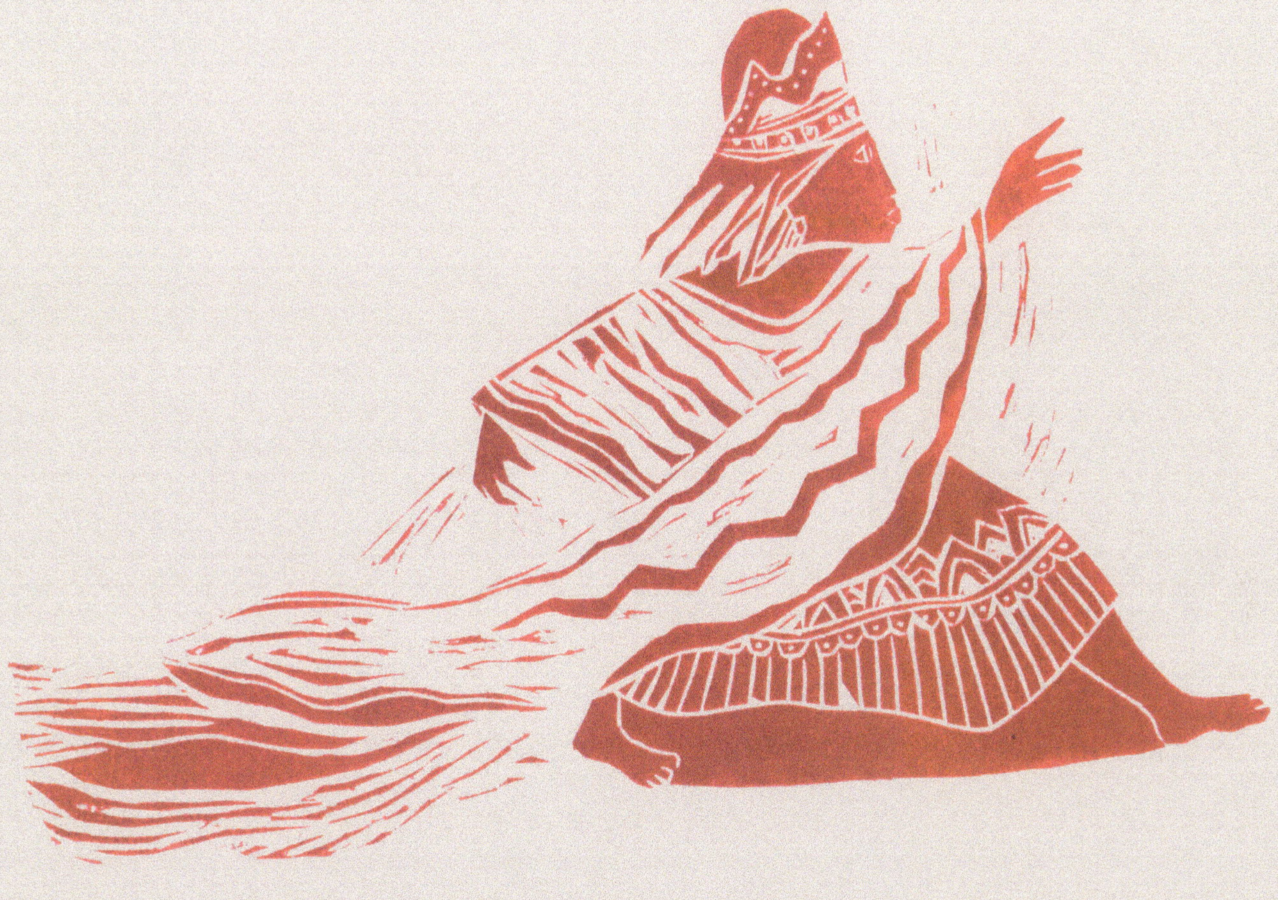

Olokun, mãe de Iemanjá,
tinha dado a sua filha
uma vasilha de barro,
cheia de água encantada.

Para não ser apanhada,
ela quebrou a vasilha,
e a água tornou-se um rio
e o rio levou de volta
Iemanjá para os domínios
de sua mãe, deusa do mar.

Iemanjá ficou morando
nos mares, rios e lagos,
sentada em trono de escamas,
conchas e estrelas-do-mar.

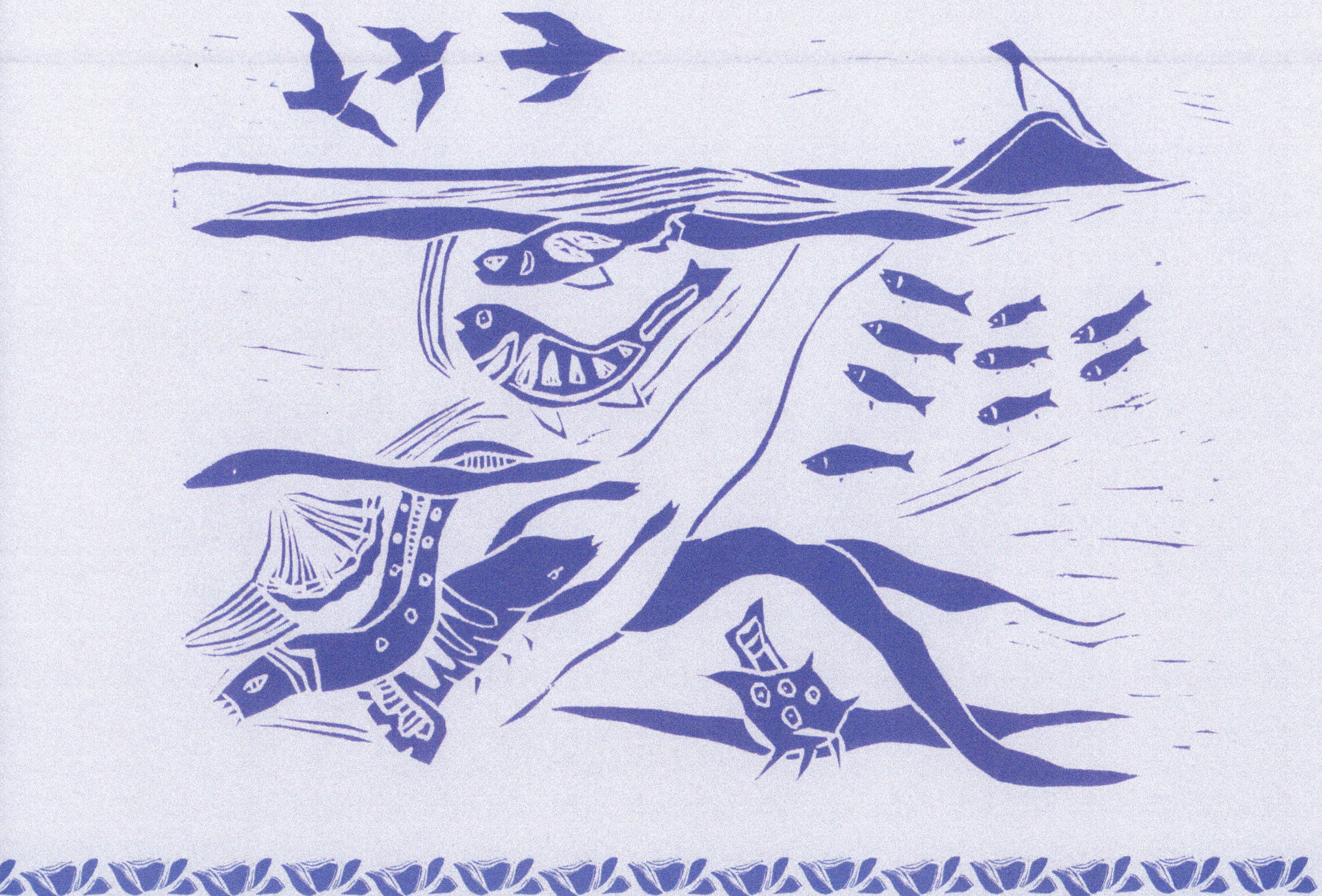

No dia de sua festa,
os devotos lhe oferecem
muitas comidas, bebidas,
flores, frascos de perfume,
colares, pentes, enfeites...
Pois, mais que deusa, ela é
mulher faceira e vaidosa.

Em troca, Iemanjá lhes dá
saúde e prosperidade".

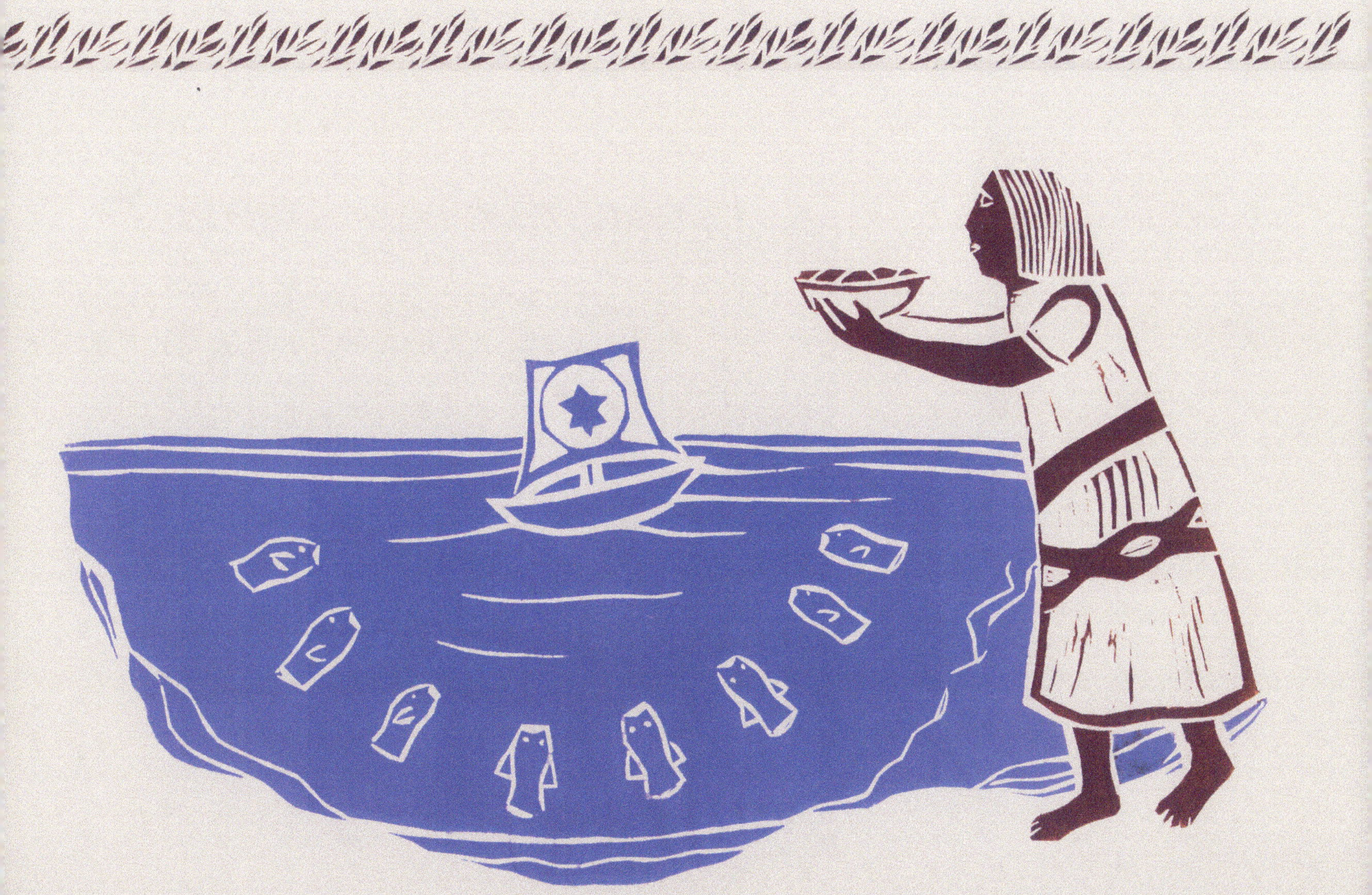

A voz do mar se calou
e a noite caiu de todo.
Marina se viu sozinha
na praia escura e deserta.

Achou que tudo era sonho,
sentiu receio e voltou,
quase correndo, pra casa.

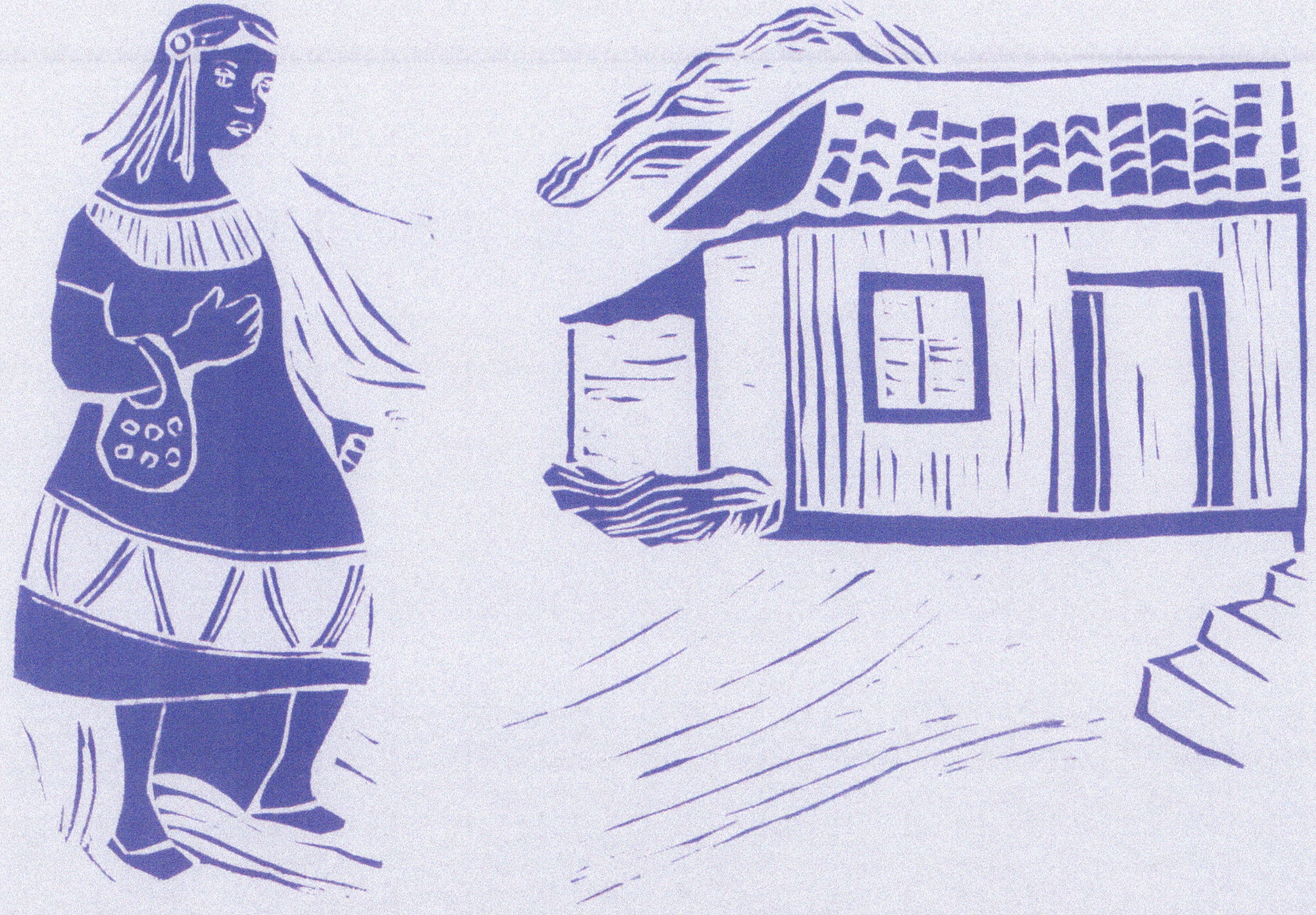

Mas, desde então, se mergulha
as mãos na espuma do mar,
Marina sente que toca
no véu da deusa Iemanjá,
mãe das águas que alimentam
os seres vivos da Terra.

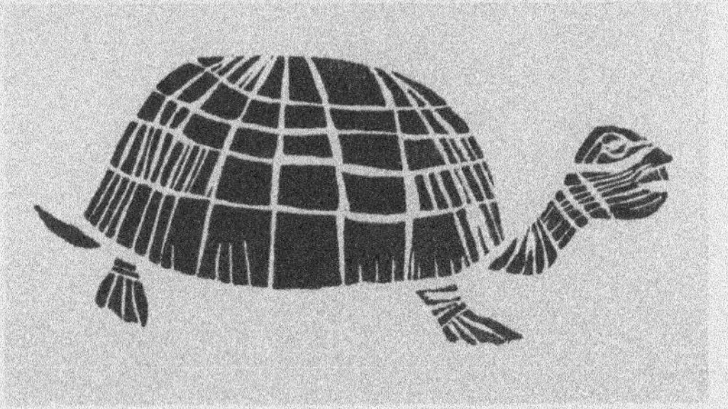

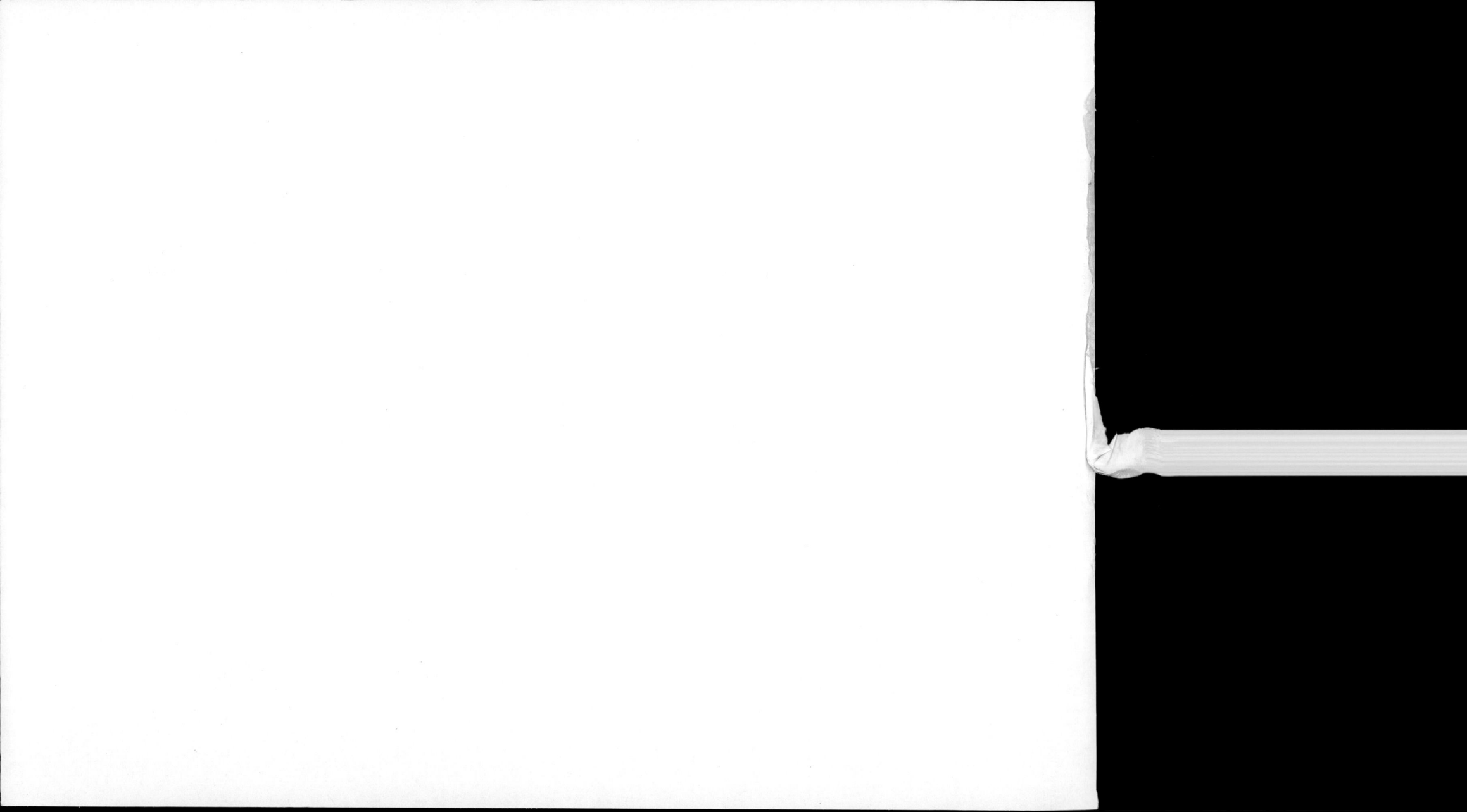